まちごとアジア
ネパール002

カトマンズ
ヒマラヤに「やすらぎ求めて」
［モノクロノートブック版］

ヒマラヤ南麓の盆地に開けたネパールの首都カトマンズ。古くからチベットとインドの交易拠点として知られ、とくに13世紀以降のマッラ朝、15世紀のマッラ朝から独立したカトマンズ・マッラ朝の時代に、交易によって得た富をもとに、王宮建築、宗教寺院が次々に建立された。

現在、カトマンズのいたるところに残る多くの寺院や祠はこの時代のもので、この街には330万とも3300万とも言われる神々が棲んでいるという。シヴァ神やヴィシュヌ神

をまつったヒンドゥー寺院、仏塔ストゥーパや仏教寺院などが共存し、宗教に関係なく信仰する人々の姿が見られる。

　このようなカトマンズの名前はダルバール広場に残るカスタマンダプ寺院の名前「1本の木」に由来するという。かつて湖の底だった豊かな土壌と清浄な水が基盤となり、自然と調和した文化が生み出されてきた。周囲を聖なる山々で囲まれたカトマンズの気圧(海抜1350m)は、胎内で感じる気圧と同じだとされ、来訪者に安らぎをあたえてくれる。

Asia City Guide Production
Nepal 002

Kathmandu
काठमाडौं

｜まちごとアジア｜ネパール 002｜

カトマンズ

ヒマラヤに「やすらぎ求めて」

「アジア城市（まち）案内」制作委員会
まちごとパブリッシング

まちごとアジア
ネパール 002
カトマンズ

Contents

カトマンズ 007

神々が棲む街 013

ダルバール広場鑑賞案内 023

ハヌマンドカ鑑賞案内 039

カトマンズ中世の繁栄 049

タレジュ寺院城市案内 053

旧市街城市案内 071

タメルエリア城市案内 079

新市街城市案内 085

ネパールを守護する女神 095

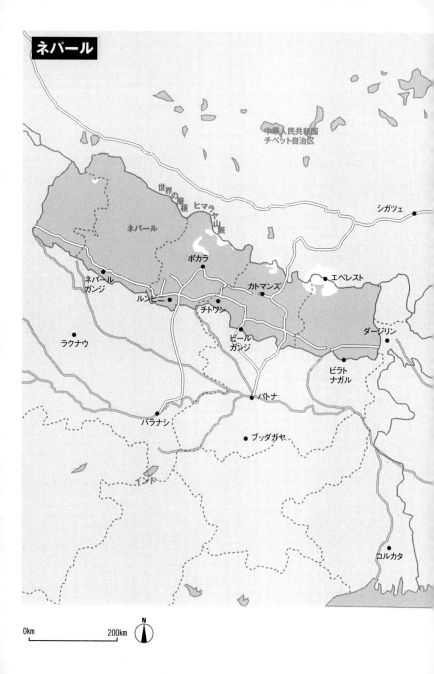

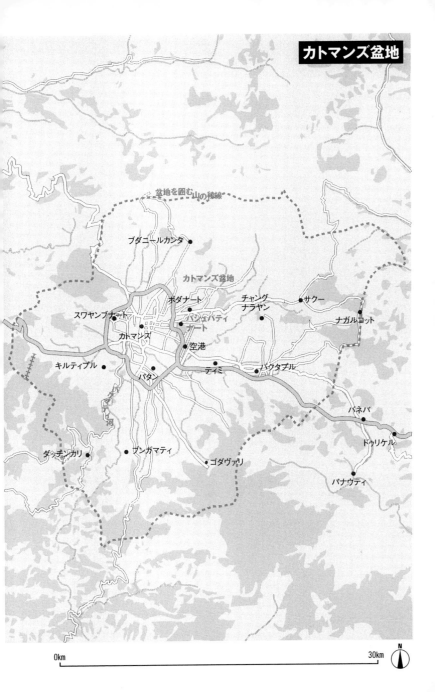

★★★
カトマンズ Kathmandu
ボダナート Boudhanath
パタン Patan
バクタプル Bhaktapur
★★☆
スワヤンブナート Swayambhunath
パシュパティナート Pashupatinath
チャング・ナラヤン Changu Narayan
ナガルコット Nagarkot

Introduction
神々が棲む街

ヒマラヤ南麓に開けた滋味豊かな盆地
チベットとインドの交易をとりもつなかでこの街は発展してきた
カトマンズには人よりも多くの神々が棲むのだという

都市国家からネパールの首都へ

　王宮建築や宗教寺院などで中世の面影を色濃く残すカトマンズ。カトマンズ盆地には、パタンやバクタプルなどの王宮と王宮を中心にした広場をもつ都市国家が18世紀まで続いていた(中世マッラ朝はバクタプルを拠点においていたが、カトマンズとパタンの王族がそこから独立した)。そのようななかの18世紀、盆地外の山岳部から、ゴルカ王朝がカトマンズ盆地に侵入してヒマラヤ南麓に勢力を広げ、そのときはじめて都市国家(古代ギリシャのアテネのような)から領土をもつ国家になったと言われる。ゴルカ朝の王宮がカトマンズに構えられたため、現在、パタンやバクタプルをおさえてカトマンズが首都になっている。

カトマンズ創世神話

　古くから交易拠点だったカトマンズの歴史は、女神のお告げではじまったという伝説がある。10世紀末ごろ、グナカーマデーヴァ王の夢のなかに剣をもった女神が現れて「剣のかたちに街をつくるよう」王に告げたという。こうして王はカトマンズ盆地を走る交易路を中心に「剣

いたるところに寺院があり祈りを捧げる人の姿がある

のかたち」をした街をつくり、その周囲に街を守護する寺を8つおいて女神をまつった(南のバドラカーリー寺院や東のナクサール・バガヴァティー寺などが街を囲む)。結界のように寺院が配置されているところから、カトマンズやカトマンズ盆地はネパール曼荼羅と呼ばれることがある。

滋味豊かな土地

　ヒマラヤの雪解け水が流れ、野菜や穀物が豊富に収穫されるカトマンズ盆地(古くはヒマラヤの隆起でできた湖だったという)。交易ルートにあたり、滋味豊かな土地を備えるこの地には古くからヒマラヤ山岳地帯やインド平原から諸民族が流入し、カトマンズは言語も文化も異なる人々によって徐々にできあがった(ネワール族はこうして形成された)。この街では現在でも周囲の農村でとれたばかりの野菜が朝市にならび、新鮮な品を求める人々の姿が見られる。

街の構成、上町と下町

　歴史的に、カトマンズは中心の旧王宮ハヌマン・ドカ(ダルバール広場)を起点に南北ふたつの街にわけられてきた。北は上町(ターネ)、南は下町(コーネ)と呼ばれ、カトマンズ最大の祭インドラ・ジャトラでは、クマリの乗る山車が別々の日に巡行する。それぞれの街にはター・ヒティ(上の水場)、タン・バヒ(上の寺院)、コサ・ババー(下の寺院)といった名前が残り、19世紀ごろまで上町と下町の人々が石を投げあう対抗戦(5、6月のシティナカー祭)があったという。カトマンズをさすサンスクリット語の古名「カンティプル(栄光の都)」は上町(北)を、「カシュタマンダパ(木の家)」は下町(南)を意味するのだという。

雑然としたカトマンズ旧市街を歩いてみよう

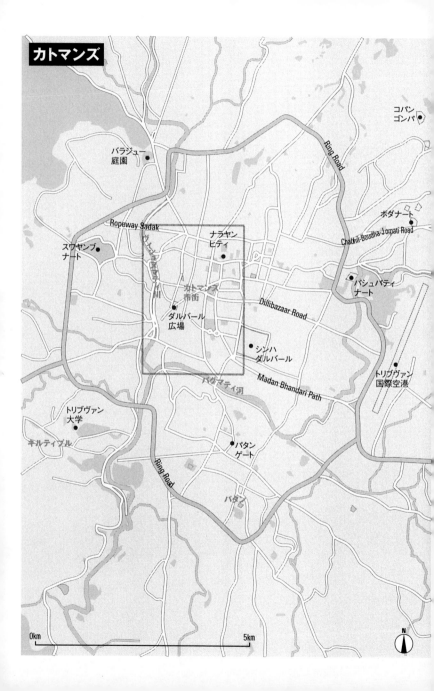

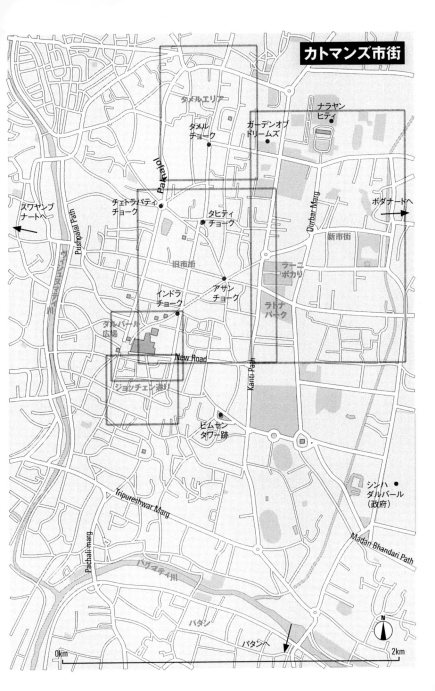

020

カトマンズ／ヒマラヤに「やすらぎ求めて」

★★★
ダルバール広場 Durbar Square
タメル・エリア（地区） Thamel Area

★★☆
インドラ・チョーク Indra Chowk
アサン・チョーク Asan Chowk
ビムセン・タワー Bhimsen Tower
ナラヤン・ヒティ Narayan Hiti
ガーデン・オブ・ドリームズ Garden of Dreams

★☆☆
ジョッチェン通り Jhochhen Tole
ニュー・ロード New Road
ラトナ・パーク Ratna Park
ラーニ・ポカリ Rani Pokhari
ダルバール・マルグ Durbar Marg

カトマンズで出逢った子ども　　　木とレンガでつくられたネワール建築

Durbar Square
ダルバール広場鑑賞案内

カトマンズの中心に位置するダルバール広場
王宮を中心に次々と建てられた宗教建築
中世の面影を色濃く残している

ダルバール広場 ★★★
Durbar Square／दरबार स्क्वायर

　カトマンズの中心に位置するダルバール広場(「宮廷」を意味する)。中世マッラ朝時代から受け継がれてきた王宮建築や寺院が20以上もならび、高い基壇のうえに木とレンガで組まれたネパール独特の建築が残る。これらの芸術をになったのが、カトマンズ盆地に暮らすネワール族で、次々に増改築が繰り返されたため、ダルバール広場は統一性がなく複雑な空間をつくっている。ダルバール広場を中心に、南にバサンタプル広場、北にマカントールが連結していて、このあたり一帯はカトマンズ市民の生活の場という顔もあわせもつ。パタンやバクタプルのダルバール広場などとともに世界遺産に指定されている。

クマリの館（クマリ・チョーク）★★★
Kumari Chowk　कुमारी चोक

　ダルバール広場の一角に位置する「ネパールの守り神」クマリが暮らす館。仏教徒のネワール族サキヤ・カーストの幼女から選ばれたクマリは人間の姿をした女神として信仰され、邪気を払い、人々に繁栄をもたらすのだという(中世以来のカトマンズの守り神タレジュ女神に重ねられる)。クマリ

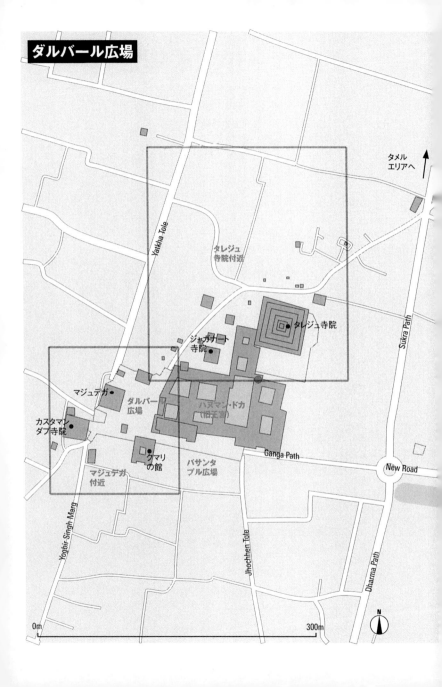

は決して笑うことなく、この少女を怒らせると国家に災いが起こると言われ、かつてネパール国王もクマリに額づき、認められることで即位した。このクマリの館は1757年、マッラ王朝ジャヤプラカーシュ・マッラ王の時代に建てられ、仏教僧院のプランをもとにした伝統的なネワール様式となっている。建物の窓枠にネワール美術の精華とも言える精緻な意匠がほどこされ、また低い門をくぐると静寂に包まれた中庭があり、レンガ造りの3階建ての建物が周囲に広がる。インドラ・ジャトラ、ダサインなど大きな祭り以外に、クマリは外出することはなく、この館で過ごしていて、ときおり窓からのぞくクマリが見られる。

クマリに見るカトマンズの女神信仰

中世になってクマリ信仰が制度化される以前から、ネパールでは生命を育む大地と女性を重ねあわせてみる信仰があった。インドではクマリ信仰がうすれているが、ネパールでは生き続けたのもそういった素地があったからだとされ、シヴァ神の配偶神パールヴァティー、ブラフマー神の配偶神サラスワティー（弁財天）、ヴィシュヌ神の配偶神ラクシュミー（吉祥天）をはじめとして、ネパールの

★★★
ダルバール広場 *Durbar Square*
クマリの館（クマリ・チョーク） *Kumari Chowk*
ハヌマン・ドカ（旧王宮） *Hanuman Dhoka*

★★☆
カスタマンダプ寺院 *Kasthamandap*
マジュ・デガ（シヴァ寺院） *Maju Dega*
タレジュ寺院 *Taleju Mandir*

★☆☆
ジョッチェン通り *Jhochhen Tole*
ジャガナート寺院 *Jagannath Mandir*
ニュー・ロード *New Road*

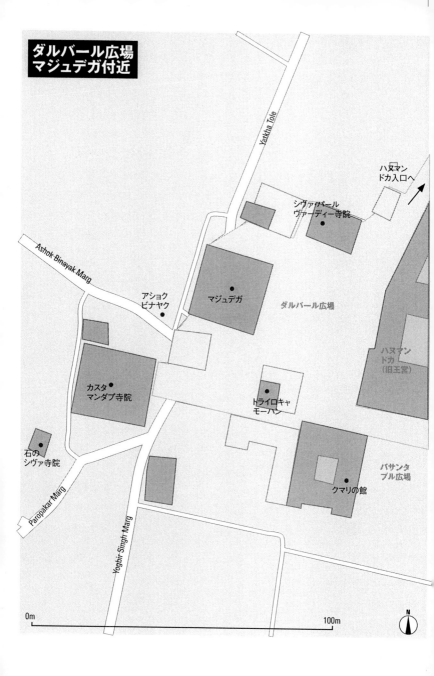

ヒンドゥー教では、際立った女神信仰が行なわれている。生命を育む女性の生殖力シャクティはすべての根源だと考えられ、出産能力と樹木や農作物を育む力は女神信仰として消化された。そして、それらは豊かな実りをもたらすカトマンズ盆地の大地と重ねて見られるようになったという。

カスタマンダプ寺院 ★★☆
Kasthamandap／काष्ठमण्डप

　ダルバール広場西側に位置するカスタマンダプ寺院。カスタマンダプとは「木造の家(休憩所)」を意味し、この寺院名がカトマンズという地名の由来になった。この寺院はもともと10世紀ごろに1本の沙羅の木からつくられ、17世紀前半に改築されて現在にいたる。1階は吹き抜けになっていて、巡礼者が自由に休憩したり、祈りを捧げたりできるようになっている。中央構内にはネパールで信仰を集める聖人ゴラクナートがまつられていて、ときおり説法する僧侶も見られる。ここはカトマンズでもっともにぎわう場所でもあり、早朝には灯火を捧げて祈る人たちの姿がある。

★★★
ダルバール広場 Durbar Square
クマリの館(クマリ・チョーク) Kumari Chowk
ハヌマン・ドカ(旧王宮) Hanuman Dhoka

★★☆
カスタマンダプ寺院 Kasthamandap
トライロキャ・モーハン Trailokya Mohan
マジュ・デガ(シヴァ寺院) Maju Dega

★☆☆
アショク・ビナヤク(ガネーシャ寺) Ashok Binayak
石のシヴァ寺院(シッカーラ) Shiva Mandir
シヴァ・パールヴァティー寺院 Shiva Parvati

無数の寺院、彫像に彩られている

クマリが姿を現すことも、クマリの館

ネパールの伝統建築、ダルマザーラ

　カスタマンダプ寺院は「ダルマザーラ」と総称されるネパールの伝統建築様式をしていて、巡礼者の宿泊所を兼ね、僧侶が説法を行なう開かれた空間となっている。こうした建物は規模によってサッタル、パティ、マンダパなどと呼ばれ、このカスタマンダプ寺院はネパールのなかでもっとも古く、規模が大きいマンダパだと言われる。11世紀の文献にカスタマンダプの名前が登場し、カトマンズを訪れた玄奘三蔵の記録にもこのマンダパを思わせる箇所があるという。

アショク・ビナヤク（ガネーシャ寺）★☆☆
Ashok Binayak／अशोक विनायक

　カスタマンダパ寺院のすぐ近くに位置するアショク・ビナヤク。幸運をつかさどる商売の神様ガネーシャがまつられていて、いつも多くの参拝者を集めている（ガネーシャ神はシヴァ神とパールヴァティー女神の子どもで、象の頭をもつ）。カトマンズでもっとも人気の高い寺院のひとつで、アショク・ビナヤク近くは「ガネーシャの聖域」と呼ばれている。

石のシヴァ寺院（シッカーラ）★☆☆
Shiva Mandir／शिव मन्दिर

　カスタマンダプ寺院近くの奥まったところに立つ石のシヴァ寺院。インドのヒンドゥー寺院で見られるシカラ様式をしていて、シヴァ神がまつられている。

トライロキャ・モーハン ★★☆
Trailokya Mohan／त्रैलोक्य मोहन

　クマリの館の北西に位置するトライロキャ・モーハン(ナラヤン寺院)。17世紀末、パールティベントラ・マッラ王によって建てられた五層のネワール様式寺院となっている。ヴィシュヌ神の化身ナラヤンがまつられていて、毎年9月に行なわれるインドラ・ジャトラでは、ヴィシュヌ神の十化身にちなむ踊りが見られる。この寺院の西側にはひざまずいて祈るガルーダ像(ヴィシュヌ神の乗りもの)がおかれている。

マジュ・デガ(シヴァ寺院) ★★☆
Maju Dega／माजु देवल

　ダルバール広場中央に立つシヴァ寺院マジュ・デガ。9段のレンガ製基壇にネワール様式の三重塔が載っている。17世紀末のマッラ王朝時代に、バクタプルの皇太后によって建てられたことから、「義理の母の寺(マジュ・デガ)」という名前をもつ。内部には生命力を意味するシヴァ・リンガ(男性器)が安置され、ヒンドゥー教徒はリンガをシヴァ神そのものと見なしている。この寺院の基壇にはいつも腰をおろしてくつろぐ人の姿が見られる。

シヴァ・パールヴァティー寺院 ★☆☆
Shiva Parvati／शिव पार्वती मन्दिर

　シヴァ神とその配偶神パールヴァティー女神がまつられたヒンドゥー寺院。マッラ朝以後の18世紀、ゴルカ王朝のバハドゥル王の時代に建てられた。木彫りの窓枠には緻密な彫刻がほどこされていて、上層の窓には仲むつまじく寄りそうシヴァ神とパールヴァティー女神の像が見られる。瞑想を続けるシヴァ神はヒマラヤの娘パール

一際存在感のあるマジュ・デガ

地名の由来になったというカスタマンダプ寺院

仲睦まじい夫婦が見えるシヴァ・パールヴァーディー寺院

トライロキャ・モーハンのガルーダ像

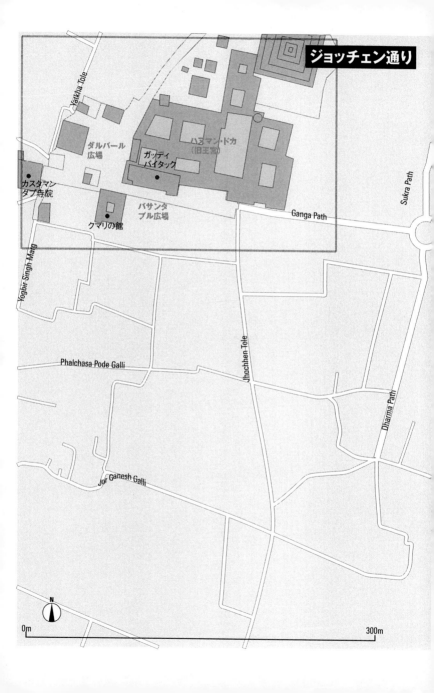

ヴァティー女神を気にとめなかったが、彼女は苦行することでシヴァ神に認められ、ふたりは結婚したという。

ガッディ・バイタック ★☆☆
Gaddhi Baithak गद्दी बैठक

　ゴルカ王族に代わって政治を行なったラナ家統治時代の1908年に建てられた西洋風の建物ガッディ・バイタック(宮殿の一部として使用された)。当時、隣国に英領インドがあり、ラナ王家は親英政策をとって、ネパールに西欧文化を導入した。

バサンタプル広場 ★☆☆
Basantapur Square बसंतपुर स्क्वायर

　旧王宮の南側、ダルバール広場に連結したバサンタプル広場。観光客相手のみやげものを売る露店がならぶ。

ジョッチェン通り ★☆☆
Jhochhen Tole／झोछें टोल

　ダルバール広場から南に伸びるジョッチェン通り。1970年代にこのあたりにヒッピーたちがたむろしていたことから、フリーク・ストリート(自由な通り)の名前で呼ばれていた。

★★★
ダルバール広場 Durbar Square
クマリの館(クマリ・チョーク) Kumari Chowk
ハヌマン・ドカ(旧王宮) Hanuman Dhoka

★★☆
カスタマンダプ寺院 Kasthamandap

★☆☆
バサンタプル広場 Basantapur Square
ジョッチェン通り Jhochhen Tole
ガッディ・バイタック Gaddhi Baithak

クマリの舘、その前に集まる人たち

露店のならぶバサンタプル広場

Hanuman Dhoka
ハヌマンドカ鑑賞案内

九層の高塔バサンタプル・バワン
精緻な彫刻がほどこされた宮殿の柱や壁面
ハヌマン・ドカとは門前にあるハヌマン像に由来する

ハヌマン・ドカ（旧王宮）★★★
Hanuman Dhoka／हनुमान ढोका

　カトマンズの象徴とも言えるネワール様式で建てられた旧王宮ハヌマン・ドカ。カトマンズの街をつくったグナカーマデーヴァ王の時代（10世紀）からここに王宮があったと伝えられ、15世紀の三都マッラ王朝以降に王が起居する住宅となって、政治を行なう場所、祭祀場などが徐々につけくわえられて現在の姿になった。マッラ朝に代わったゴルカ朝によって1896年、北東1.5kmに新しい王宮が造営されたが、ここで戴冠式が行なわれるなど、カトマンズの中心であり続けた。

ハヌマン・ドカ・ゲート ★☆☆
Hanuman Dhoka Gate／हनुमान ढोका गेट

　旧王宮の正門に立つ神猿ハヌマン像（『ラーマーヤナ』に登場する戦いの神）。ハヌマン・ドカは「ハヌマンが守護する門」を意味し、この門が旧王宮全体の名前となっている。1672年、マッラ王族の守護神であるハヌマン像が2体つくられ、1体が大鐘の前に、もう1体が王宮の正門に配置された。

チョークを中心に広がる王宮空間

　旧王宮などで見られる中庭をとり囲むように口の字に建てられた建築をチョークと呼ぶ。この様式は仏教僧院のプランをもとにしたと言われ、旧王宮はチョークをいくつも重ねあわせることで複雑なプランをつくっている。かつてカトマンズには55のチョークがあったと言われ、現在、カトマンズには10のチョークが残っているという。

ムル・チョーク ★☆☆
Mul Chowk／मूल चोक

　祭祀や戴冠式などの儀式が行なわれてきたムル・チョーク。ムルとは「主要な」を意味し、マッラ王族の守り神であるタレジュ女神が安置されていた。神聖なこの空間に入られるのは王とクマリ、僧侶などに限られていた。

★★★
ハヌマン・ドカ(旧王宮) Hanuman Dhoka
ダルバール広場 Durbar Square
クマリの館(クマリ・チョーク) Kumari Chowk

★★☆
バサンタプル・バワン Basantapur Tower
タレジュ寺院 Taleju Mandir

★☆☆
ハヌマン・ドカ・ゲート Hanuman Dhoka Gate
ムル・チョーク Mul Chowk
ナサル・チョーク Nassal Chowk
モハン・チョーク Mohan Chowk
スンダリ・チョーク Sundari Chowk
ロアン・チョーク Lohan Chowk
マヘンドラ博物館 King Mahendra Memorial Museum
トリブヴァン博物館 Tribhuwan Museum
バサンタプル広場 Basantapur Square
ガッディ・バイタック Gaddhi Baithak

ハヌマン・ドカは中世以来この街の象徴となってきた

ナサル・チョーク ★☆☆
Nassal Chowk／नासल चोक

　旧王宮中心に位置するナサル・チョーク。18世紀のゴルカ朝時代にはここで式典が行なわれ、外交の場としても使われていた。印象的な円形の五重屋根をもつパンチャ・ムクヒ・ハヌマン寺院を併設するほか、このチョークの由来になったナタラージャ（踊るシヴァ）像なども見られる。

モハン・チョーク ★☆☆
Mohan Chowk／मोहन चोक

　1649年、マッラ朝プラターハ王によって建てられたモハン・チョーク。王族が起居した由緒正しい場所で、マッラ王朝最後のジャヤプラカーシュ王はここで生まれなかったために、王朝が途絶えたとも言われる（ゴルカ朝に替わった）。

スンダリ・チョーク ★☆☆
Sundari Chowk　सुन्दरी चोक

　中世のマッラ朝時代、カトマンズ王が起居する場所だったスンダリ・チョーク。ヒンドゥー教徒の王族のための沐浴場が備えられ、マッラ朝の王族はここで毎朝、入浴したという。建物名のスンダリとは「素晴らしい、美しい」を意味するほか、「黄金の蛇口」を意味する「スンダラ・チョーク」とも呼ばれる（中庭の沐浴場についた吐水口に由来する）。

ロアン・チョーク ★☆☆
Lohan Chowk　लोहान चोक

　ロアン・チョークは1768年にゴルカ朝が増改築して政治の場とした建物。チョークに重層の塔を載せることがこの王宮の特徴で、カトマンズにある8つの塔のうち、4つまでがロアン・チョークで見られる。バサンタプル・バワン、キルティプル・バワン、バクタプル・バワン、ラリタプル・バワンという名前は、ゴルカ朝が支配したカトマンズ盆地の街などから名前がとられている。

バサンタプル・バワン ★★☆
Basantapur Tower／बसंतपुर भबन

　ロアン・チョークに載る9階建ての高層建築バサンタプル・バワン。三都マッラ朝を破ってカトマンズ盆地を支配したゴルカ朝のプリティビ王によって1769年、旧王宮につけくわえられた。バサンタプル・バワンがロアン・チョークの他のバワンより高い4層の塔をもつことは、各都市よりもカトマンズが一段、高いことを示すのだという（ゴルカ王朝による戦勝塔の意味合いが強く、神像がおかれていない）。内部はレンガと木柱で組まれた伝統的なネワール様式となっていて、バサンタプル・バワン上部の軒先にそなえられた風鈴が鳴ると天から神が降りてくるという。

マヘンドラ博物館 ★☆☆
King Mahendra Memorial Museum／महेन्द्र संग्राहलय

　中世、建築、彫刻、美術を保護したマッラ朝のもと花開いたネワール様式の美術品がならぶマヘンドラ博物館。ゴルカ王朝の第9代王マヘンドラ（1955〜72年）にまつわる品々が見られ、そこから博物館の名前がとられている。

談笑するカトマンズの人たち

柱や窓枠には美しい木彫りが見える

9階建てのバサンタプル・バワン

トリブヴァン博物館 ★☆☆
Tribhuvan Museum / त्रिभुवन संग्रहालय

　20世紀のゴルカ朝のマヘンドラ王、ビレンドラ王の遺品とともに、コイン・コレクション、鳥の剥製などが展示されたトリブヴァン博物館(トリブヴァン王は1951年、王族に代わって政治をとっていたラナ家から、王権を奪回した)。国王の寝室、勉強部屋などが再現されている。

カトマンズ中世の繁栄
Tyusei No Hanei

ヒマラヤ南麓に開けた滋味豊かな盆地
チベットとインドの交易をとりもつなかでこの街は発展してきた
カトマンズには人よりも多くの神々が棲むのだという

マッラ朝とゴルカ朝

　ネパールは2008年まで「王が国を統治する」王朝時代が続いていた。歴史的に確認される最初のリッチャヴィ朝(4～7世紀ごろ)からはじまって、デーヴァ王朝(9～13世紀ごろ)、マッラ朝(13～15世紀ごろ)などはいずれも北インドを出自とし、カトマンズ盆地に進出してこの地を支配した。バクタプルに拠点をおいたマッラ朝の王族がカトマンズで独立したことで、カトマンズ・マッラ朝(15～18世紀)がはじまり、その後、ゴルカ朝が18世紀に盆地の外の山岳部(ゴルカ)から侵入して王権を樹立し、その統治が2008年まで続いた。

中世カトマンズの繁栄

　カトマンズが繁栄の絶頂を迎えるのは16世紀、カトマンズ・マッラ朝の第4代マヘンドラ王の時代のことで、王の保護のもと、レンガと木材を使った建築、美術をはじめとするネワール文化が花開いた。マヘンドラ王は外国の技術習得につとめ、内政では裁判の公平を心がけるなど良政を行なった。民にも気を配る王は、食事どきに王宮か

らカトマンズの街を見渡して、かまどの煙があがっていない家を見つけると、臣下を派遣して食事をあたえさせたという。

拡大するカトマンズ王国、プラターパ王

　モハン・チョークを造営した第8代プラターパ王(1641～1674年)は、国土を北に拡大し、ネパール銀貨でチベット交易を進め、経済を飛躍的に発展させた(チベットには銀貨がなかった)。そこで得た収入は、建築、美術、工芸に注がれ、カトマンズは美しいネワール建築で彩られるようになった。プラターパ王には300人の妃がいたとも伝えられており、王が死んだとき、9人の妻が殉死したという。

Taleju Mandir
タレジュ寺院城市案内

12段の基壇のうえに立つ高さ35mのタレジュ寺院
シヴァ神の恐ろしい姿カーラ・バイラヴなど
信仰が息づくダルバール広場の北側

タレジュ寺院 ★★☆
Taleju Mandir तलेजु मन्दिर

　ダルバール広場の王宮、寺院建築のなかでも一際高くそびえているタレジュ寺院。タレジュ女神はマッラ王族の氏神で、マッラ朝の本拠バクタプルにまつられていたが、1501年、ラトナ王がバクタプルから独立してカトマンズ・マッラ王に即位すると、タレジュ寺院を建立した(その後、1564年にマヘンドラ王が現在の寺院を造営)。大寺院の周囲に4基の小寺院、さらにそれを囲むように12基の小寺院が配される曼荼羅様式をもち、中心には三層からなるネワール・パゴタ様式の本体が立つ。氏神のまつられた神聖な場所であることから、インドラ・ジャトラのときヒンドゥー教徒のみ入ることが許されている。

ネパール最大の祭りダサイン

　毎年、秋(10月)に行なわれるネパール最大の祭りダサイン。農産物の収穫を祝う祭りで、この祭りが行なわれるあいだネパール中が盛りあがりを見せる。もともとはドゥルガー女神が「水牛の頭をした悪魔の首を切り落として勝利したこと」を祝福するものだったが、女性の生命を育

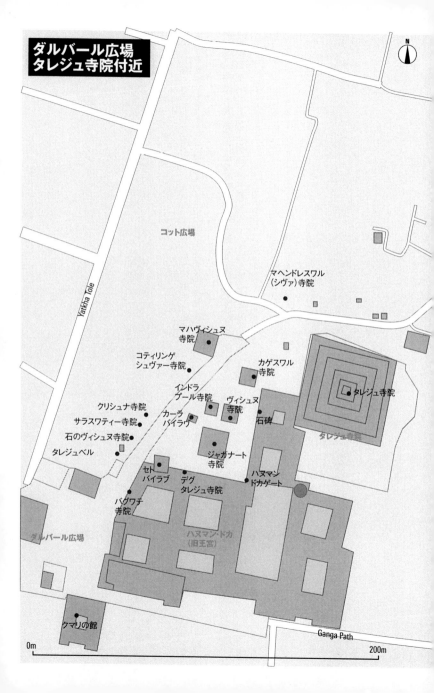

む力と農産物の豊穣を重ねあわせて見られるようになった(ドゥルガー女神はシヴァ神の配偶神で、パールヴァティー女神、カーリー女神とも同一視される)。ダサインの際、生き神クマリが人々の前に姿を現すが、地面に足をつけないように両手を支えられ、敷かれた白い布のうえを歩く。

マヘンドレスワル寺院 ★☆☆

Mahendreshwar Mandir／महेंद्रेश्वर मन्दिर

　ダルバール広場の北端に立つマヘンドレスワル(シヴァ)寺院。1561年、マヘンドラ・マッラ王の時代に建てられたもので、本尊にはシヴァ神をまつる。寺院正面にはシヴァ神の乗りもの牡牛ナンディーの像が、北東にはカームデーブ像がおかれ、ミルクや蜜などを捧げる人々の姿が見られる。

★★★
ダルバール広場 Durbar Square
ハヌマン・ドカ(旧王宮) Hanuman Dhoka

★★☆
タレジュ寺院 Taleju Mandir
カーラ・バイラヴ Kala Bairav

★☆☆
マヘンドレスワル寺院 Mahendreshwar Mandir
マハヴィシュヌ寺院 Mahavishnu Mandir
コティリンゲシュヴァー寺院 Kotilingeshwar Manhadev Mandir
カゲスワル寺院 Kakeshwar Mandir
ジャガナート寺院 Jagannath Mandir
インドラプール寺院 Indrapur Mandir
ヴィシュヌ寺院 Vishnu Mandir
石碑 Stone Inscription
デグタレジュ寺院 Degutaleju Mandir
セト・バイラブ Seto Bhairab
バグワティ寺院 Bhagwati Mandir
クリシュナ寺院 Krishna Mandir
サラスワティー寺院 Saraswati Mandir
石のヴィシュヌ寺院(シッカーラ) Visnu Mandir
タレジュ・ベル Taleju Bel
ハヌマン・ドカ・ゲート Hanuman Dhoka Gate

ダルバール広場でも有名なカーラ・バイラヴ

マハヴィシュヌ寺院 ★☆☆
Mahavishnu Mandir／महाविष्णु मन्दिर

　中世の三都マッラ朝時代、ジャガトジャヤ・マッラ王が創建したヒンドゥー寺院。四段の基壇のうえに二層の塔が建っている。1934年の大地震で被害を受け、その後、現在の姿になった。金色の小さな尖塔が載る。

コティリンゲシュヴァー寺院 ★☆☆
Kotilingeshwar Manhadev Mandir／कोटिलिंगेश्वर मरादव मन्दिर

　頭上にドームが載る石づくりのコティリンゲシュヴァー寺院。周囲にネワール様式の寺院がならぶなか、インド・イスラム様式で建てられている。16世紀のマヘンドラ・マッラ王時代の造営で、西側に牡牛(シヴァ神に仕えるナンディー)が見えることからシヴァ寺院だと見られる。

カゲスワル寺院 ★☆☆
Kakeshwar Mandir　कागेश्वर मन्दिर

　1681年の三都マッラ朝時代に創建されたカゲスワル寺院。1934年の大地震で損害を受け再建されたことから、ネワール様式の建物のうえに、インドのシカラ様式の尖塔が載るという特異な姿をもつ。

ジャガナート寺院 ★☆☆
Jagannath Mandir／जगन्नाथ मन्दिर

　ヴィシュヌ神4体像がまつられたジャガナート寺院(ジャガナートはヴィシュヌ神の化身)。16世紀のマッラ王朝時代に建てられ、支柱には男女が交わる官能的なミトゥナ像が見られる。寺院の側面には3つの扉が備えられているが、中央の扉だけが開くようになっている。

ヴィシュヌ神がまつられたマハヴィシュヌ寺院

上部が白のシッカーラ様式となっているカゲスワル寺

プラターパ・マッラ王の石柱 ★☆☆
King Pratap Malla's Column／राजा प्रताप मल्ल को स्तम्भ

　ジャガナート寺院西に立つ四角い石柱。柱の頂上には三都マッラ朝のプラターパ・マッラ王が手を組み、ふたりの妻と5人の息子に囲まれて坐っている。王の像は王宮の礼拝室に向けられている。

カーラ・バイラヴ ★★☆
Kala Bairav　काल भैरब

　カーラ・バイラヴはシヴァ神の怒りに満ちた状態の恐怖の神様。がいこつの冠をいただき、6本の腕には刀や生首をたずさえ、死体を踏みつけている。このカーラ・バイラヴの前で「嘘をつくと即座に死んでしまう」と信じられていることから、かつてはこの像の前に容疑者を連れてきて罪を白状させたと伝えられる。カーラ・バイラヴ像はひとつの石をけずってつくられていて、17世紀、カトマンズ北の草地で見つかったものを当時のプラターパ・マッラ王の命でここまで運ばれてきたのだという。

インドラプール寺院 ★☆☆
Indrapur Mandir／इंद्रपुर मन्दिर

　インドラ神の名前をもつこの寺院にはシヴァ神を示すリンガが安置され、寺院の南側には半分埋まったガルーダ像（ヴィシュヌ神の乗りもの）の姿が見える。そのため、どの神に捧げているかわかっておらず、さまざまな宗教が混淆した性格をもっている。存在感ある屋根と細い本体をした特徴ある姿となっている。

吉祥を意味するデメラカが塗られた彫像

ヴィシュヌ寺院 ★☆☆
Vishnu Mandir विष्णु मन्दिर

　中世のマッラ王朝時代に築かれたヴィシュヌ寺院。四段の基壇のうえに三層のネワール式寺院が立ち、なかには黄金のヴィシュヌ像が安置されている。17世紀のプラターパ・マッラ王の治世以前に建てられたものだという。

石碑 ★☆☆
Stone Inscription स्टोन शिलालेख

　プラターパ・マッラ王によって1664年におかれた石碑。15の言葉で女神に捧げられた文言が記されていて、すべての言葉で石碑が読めたら中央の噴水からミルクが出ると伝えられる。

デグタレジュ寺院 ★☆☆
Degutaleju Mandir／देगु तलेजु मन्दिर

　タレジュ寺院に次ぐ高さを誇るデグタレジュ寺院。ハヌマン・ドカ(旧王宮)の一部を構成し、なかにはマッラ王族の守護神であるタレジュ女神の化身デグタレジュ女神がまつられている。この寺院はパタンを併合し、チベットとの国境を越えて領土を広げ、カトマンズ・マッラ朝の最盛期を築いたシバシンハ・マッラ王によって建立された。

セト・バイラブ ★☆☆
Seto Bhairab／सेतो भैरब

　鉄格子の奥に安置されているセト・バイラブ(シヴァ神の化身)の仮面。9月のインドラ・ジャトラの際には開帳されて姿を現し、米や花で仮面が埋め尽くされ、口のなかに注がれたビールを、男たちは我先に飲もうとする。この仮

ダルバール広場随一の高さをもつタレジュ寺院

怒りのシヴァ神の姿セト・バイラブ

面は1794年、ゴルカ王朝3代目の王ラナバハドゥル・シャハの治世につくられたもので、ネパール航空のシンボルマークにもなっている。

バグワティ寺院 ★☆☆
Bhagwati Mandir／भगवती मन्दिर

　ネワール様式で建てられた三層の建物頭上には黄金の屋根をいただくバグワティ寺院。ジャガトジャヤ・マッラ王時代に建立され、もともとはナラヤン像が立っていたが、1766年に像が盗まれてしまった。その2年後、カトマンズ盆地を征服したプリティビ・ナラヤン王がたずさえていた女神バグワティ像を代わりにおいたことからこの名前で呼ばれるようになった。

クリシュナ寺院 ★☆☆
Krishna Mandir／कृष्ण मन्दिर

　八角形のプランをした三層のクリシュナ寺院。1648年、ふたりの王妃の死を悼んだプラターパ・マッラ王によって、「パタンのクリシュナ寺院に負けないように」と創建された（クリシュナ神はヴィシュヌ神の化身）。18世紀以降、カトマンズにあったゴルカ王はヴィシュヌ神の化身だと信じられていたことからも、カトマンズの寺院のなかでも多くの巡礼者を集めている。真向かいに大太鼓がおかれ、ダルバール広場で祭祀のとき大太鼓が鳴らされ、山羊や水牛が生贄として捧げられる。

祭りのときこの鐘の音が響き渡る、タレジュ・ベル

サラスワティー寺院 ★☆☆
Sarasvati Mandir／सरस्वती मन्दिर

　サラスワティー女神がまつられたヒンドゥー寺院(この女神は仏教の弁財天として日本にも伝わっている)。方形プランをもつ。

石のヴィシュヌ寺院(シッカーラ) ★☆☆
Visnu Mandir／विष्णु मन्दिर

　サラスワティー寺院の南に立つ石のヴィシュヌ寺院。上部にはインド式のシッカーラが載る様式となっている。

タレジュ・ベル ★☆☆
Taleju Bell／तलेजु बेल

　祭祀のときに鳴らされる巨大なタレジュ・ベル。1797年、シャハ王朝のバハドゥル王によってつくられ、この釣鐘を鳴らすと悪霊が払われるという。鐘の前は銅や象牙で飾られたバルコニーとなっている。

タレジュ寺院城市案内

帽子をかぶった男性はもの思いにふける

Asan Chowk
旧市街城市案内

ダルバール広場から北東に続く細い路地
ここはカトマンズ発祥の道でもあり
カトマンズ市民の息づかいを感じられる

インドラ・チョーク ★★☆
Indra Chowk इन्द्र चोक

　カトマンズ市街をななめに横切る交易の道。ダルバール広場北東に位置するインドラ・チョークはそのなかでももっともにぎわいを見せているところで、細い路地にはあふれんばかりの人々が行き交う。木製の格子窓をもつレンガ造りのネワール建築、生活必需品、土産物などを売る店などカトマンズに生きる人々の息づかいを感じることができる。また朝には市が立ち、その日にとれた新鮮な野菜などがならぶ。

アカシュ・バイラブ寺院 ★☆☆
Akash Bhairav Mandir／आकाश भैरव मन्दिर

　インドラ・チョークに面して立つアカシュ・バイラブ寺院。三層からなるネワール建築様式で建てられている。この寺院にはシヴァ神の化身アカシュ・バイラブがまつられていて、カトマンズ最大の祭インドラ・ジャトラのときに開帳される。

セト・マチェンドラナート寺院 ★★☆
Seto Machhehdranath Mandir सेतो मछेन्द्रनाथ मन्दिर

　インドラ・チョークの北東に立つセト・マチェンドラナート寺院。雨と収穫の神がまつられたパタンのラト・マチェンドラナートに対置され、こちらのセト・マチェンドラナートは心と精神をつかさどるのだという。祈りを捧げる行者の姿などが見られる。

イトゥン・バハ ★☆☆
Itum Baha इतुम बहाल

　カトマンズでも最大規模の仏教寺院イトゥン・バハ。昔むかし、ギャンブルで全財産を失った王子ケーシャチャンドラは、もの乞いをして手に入れた残飯まで鳩に食べられてしまった。ところが、この鳩が黄金の糞をしたことから、財産をとり戻し、ついにハリデーヴァ王の王女と結婚した。その後、ケーシャチャンドラは仏寺を建立し、幸運の鳩にちなんでこの寺を「鳩寺」と名づけたのだという。ここには記録に残るもっとも古いネパールの王朝、リッチャヴィ朝時代のチャイティヤと呼ばれる小さな仏

★★★
タメル・エリア(地区) Thamel Area
ダルバール広場 Durbar Square

★★☆
インドラ・チョーク Indra Chowk
セト・マチェンドラナート寺院 Seto Machhehdranath Mandir
アサン・チョーク Asan Chowk

★☆☆
アカシュ・バイラブ寺院 Akash Bhairav Mandir
イトゥン・バハ Itum Baha
キチャンドラ・バハール Kichandra Bahal
ヤトカ・トール Yatkha Tole
バンギムラ・キラゴット(コインの木) Coin's Tree
アンナプルナ寺院 Annapurna Mandir
ニュー・ロード New Road
ラトナ・パーク Ratna Park
ラーニ・ポカリ Rani Pokhari

塔が立っている。

キチャンドラ・バハール ★☆☆
Kichandra Bahal ／केशचन्द्र बहाल

カトマンズ最古級の仏教僧院キチャンドラ・バハール。現在は学校として転用されていて、学びに集う子どもたちの姿が見られる。

ヤトカ・トール ★☆☆
Yatkha Tole ／गंगालाल मार्ग

ダルバール広場から北に伸びるヤトカ・トール。道沿いにはデセイ・マデュ（「同じものはふたつとない」という意味）と呼ばれる秀逸な木彫りの窓があり、1978年のネパール国の切手になったことから「切手になった窓」と呼ばれている。

バンギムラ・キラゴット（コインの木）★☆☆
Coin's Tree ／सिक्का को रूख

アサン・チョーク西側の交差点におかれたバンギムラ・キラゴット。数千枚のコインを集めて木のかたちになっているところから、「コインの木」の愛称で呼ばれている。ここにまつられた神様は歯痛に効くという。

アサン・チョーク ★★☆
Asan Chowk ／असन चोक

カトマンズ市街をななめにつらぬく交易の道上にあって、インドラ・チョークからアサン・チョークにかけてがカトマンズでもっともにぎわうところとなっている。とくに市が立つ朝は、近郊の農村でとれた新鮮な野菜、穀

カトマンズ旧市街の街角の様子

物、岩塩、川魚などがアサン・チョーク界隈にならぶ。カトマンズでは食材を冷蔵庫で数日間確保するという習慣があまりなかったため、毎朝、新鮮な食材を仕入れるのが人々の日課だった。にぎわいは夜遅くまで絶えず、カトマンズの喧騒が感じられる。

アンナプルナ寺院 ★☆☆
Annapurna Mandir／अन्नपूर्ण मन्दिर

　アサン・チョークに位置するアンナプルナ寺院。ここには豊穣の女神(アンナプルナとは「穀物で満たされた」という意味)がまつられていて、絶えることなく鐘が打ち鳴らされている。この寺院におかれた壺には、人々の生活の糧となる五穀が納められている。アンナプルナ女神は、5世紀ごろのリッチャヴィ朝時代にはすでに崇拝されていたという。

いつもにぎわっているセト・マチェンドラナート寺院

カトマンズでは仏教とヒンドゥー教が混淆する

無数の笛を突き刺して販売する人

Thamel Area
タメルエリア城市案内

ダルバール広場の北側
細い路地が入り組んだタメルエリア
ここには世界中から集まった旅行者の姿がある

シガ・バハ (カテシンブー) ★☆☆
Kathesimbu Stupa／काठेसिम्बु श्रीघ चैत्य

　タヒティ・チョーク近くに立つシガ・バハ。スワヤンブーを意味するカテシンブーの名でも呼ばれ、17世紀にスワヤンブナートのストゥーパを模して建てられた。なかには9世紀のものと伝えられる蓮華手観音の石像が安置されている。伝説によると、このストゥーパはインドのバラナシ王が建立したもので、本尊に魂を入れる役をになった導師ヴァーグヴァジュラが、神通力でネパールに運んだという。

タメル・エリア (地区) ★★★
Thamel Area／ठमेल

　世界中の旅人が集まる安宿街タメル地区。屋台、安宿、レストラン、旅行会社などが連なり、旅に必要なものがそろう。この中心に位置するのがタメル・チョークで、ダルバール広場に向かって歩くときの起点となる。

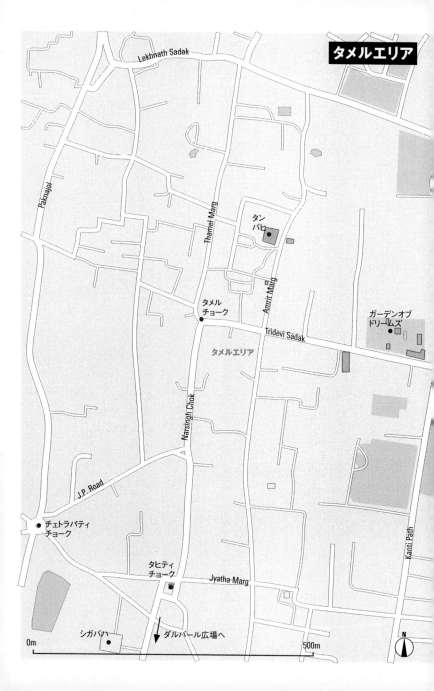

タン・バヒ ★☆☆
Tan Bahi／ठम बहि

　タメル地区の裏手にあり、その地名の由来になった仏教寺院タン・バヒ。正式名称はヴィクラマシーラ・マハーヴィハーラと言い、11世紀、インドの仏教大学ヴィクラマシーラ大寺院の学頭アティーシャがチベットに招かれた際、途中でネパールに滞在してこの地の仏教徒とともに仏寺を建立し、インドの本山にちなんでヴィクラマシーラ寺と名づけたことによる。学頭のティーシャのチベット行きに反対する者も多く、アティーシャはすでに誉れ高かったネパールのスワヤンブーへ巡礼するという口実を使ったという。

チベット風蒸し餃子をもたらしたネワール商人

　中世以降、チベットとインドをとりもつ交易をになったネワール族。ラサ(チベット)にもネワール族のコミュニティがあり、カトマンズの人がチベットで支店を開いて同族が経営するということがあった。カトマンズで目にするモモ(チベット風の蒸し餃子)は、チベットとの交易のなかでネワール商人がこの地にもたらしたものだという。

★★★
タメル・エリア(地区) Thamel Area

★★☆
ナラヤン・ヒティ Narayan Hiti
ガーデン・オブ・ドリームズ Garden of Dreams

★☆☆
シガ・バハ(カテシンブー) Kathesimbu Stupa

タメルエリアのにぎわい

Durbar Marg
新市街城市案内

ナラヤンヒティから南に伸びるダルバールマルグ
洋服をまとった多くの人が行き交う
ネパールの首都の姿が見える

ニュー・ロード ★☆☆
New Road / नयाँ सडक

　カトマンズ市街を東西に走る目抜き通りニュー・ロード。ダルバール広場からラトナ・パークへと続いており、カトマンズの中心にあたる。中世の世界が広がるダルバール広場からネパールの首都の顔をもつカトマンズへと変化を感じられる。

ビムセン・タワー公園 ★★☆
Bhimsen Tower / घरहरा

　かつてカトマンズ随一の高さを誇る52mの真っ白な塔ビムセン・タワー跡に整備されたビムセン・タワー公園。1832年、当時の首相ビムセン・タパによって造営されたカトマンズで最初の西欧風宮殿の一部だった（ラナ家がゴルカ王家に代わって政治を行なった時代で、親イギリスの立場がとられた）。1934年の地震で大きな被害を受けたが、その後、再建されたのち、2015年の地震で再び倒壊した。

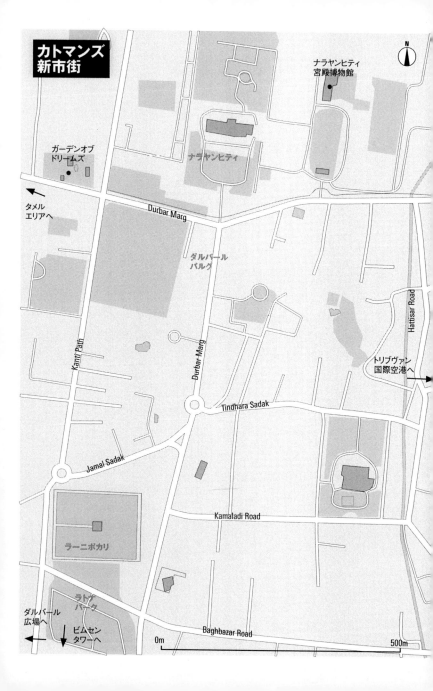

ラトナ・パーク ★☆☆
Ratna Park／रत्न पार्क

ラーニ・ポカリの南側に広がるラトナ・パーク。中世、カトマンズに都を開いたラトナ王の名前がつけられていて、カトマンズ市民の憩いの場となっている。細い路地が入りくむ市街地のなかでゆとりを感じられる。

激しい大気汚染のなかで

かつてカトマンズから目視することができたヒマラヤ山脈は、現在ではときおりその姿を見せるだけになっている。急速に近代化するカトマンズでは、ディーゼル車、テンプーやインド製中古バスが吐き出す排気ガスで、激しく大気が汚染されている。カトマンズは盆地にあるため、空気がたまりやすく、とくに霧が立ちこめる冬の朝の汚染はひどい。WHOの基準値以上の値が出されているとも言われ、環境対策は今後のカトマンズの重要課題となっている。

ラーニ・ポカリ ★☆☆
Rani Pokhari　रानी पोखरी

ダルバール広場北東に位置する人工池ラーニ・ポカリ。三都マッラ朝時代の1670年、夭逝した息子のためにプラターバ王によって開削された。インドのバラナシ、ムル

★★☆
ナラヤン・ヒティ Narayan Hiti
ガーデン・オブ・ドリームズ Garden of Dreams

★☆☆
ラトナ・パーク Ratna Park
ラーニ・ポカリ Rani Pokhari
ダルバール・マルグ Durbar Marg

洋服を身につけている子ども、母親に手をひかれながら

教室で学ぶ子どもたち

工芸品や布製品はこの街ならではのもの

カトマンズの街の様子も時代とともに変わっていった

ティヤ、ゴサインクンドなど聖地の水を運び込んで完成し、池の中央にはシヴァ寺院が立つ。南岸にはラーニ・ポカリを造営したプラターバ王とその家族の肖像がおかれている。

ダルバール・マルグ ★☆☆
Durbar Marg／दरबार मार्ग

　王宮から南に伸びるダルバール・マルグ。ブティックや高級ホテルがならぶ大通りとなっていて、洋服を身にまとった若者の姿が見られる。

ナラヤン・ヒティ ★★☆
Narayan Hiti／नारायणहिटी दरबार संग्रहालय

　ナラヤン・ヒティは1768年から2008年までネパールを統治したゴルカ王朝の宮殿跡で、現在は博物館として公開されている。1896年、ダルバール広場にあった旧王宮から北東1.5kmのこの地に建てられ、地名をとってナラヤンヒティとも呼ばれてきた。20世紀後半からゴルカ王朝とマオイストの対立が見られたが、和解合意を受けて新たな政権が樹立され、この王宮も国有化されることになった。

ガーデン・オブ・ドリームズ ★★☆
Garden of Dreams／स्वप्न बगैंचा

　ガーデン・オブ・ドリームズはラナ家の陸軍元帥ケーサルシャムシェルの手による庭園で、20世紀初頭に建てられた西欧風宮殿の一部を構成していた。人工池、動物などの彫像が配置され、静かな空間が広がっている。

新市街城市案内

ラーニポカリ、中心には白い寺院が立つ

Syugosuru
ネパールを守護する女神

小さな幼女から選ばれるクマリ
クマリは決して笑うことなく
生き神として信仰される

幼女の姿をした女神

　額にシヴァ神の智慧の象徴である第3の目が描かれ、目のまわりには黒珊瑚の粉で化粧された容姿をもつ「ネパールの生き神」クマリ。正義と豊穣を意味する赤と金色の衣装をまとい、首には蛇をかたどった銀のネックレスをかけている。普段、クマリの館で暮らしているが、インドラ・ジャトラ、ダサインなどの祭のときにクマリは人々の前に姿を現す。ヒンドゥー教徒からはタレジュ女神、ドゥルガー女神、仏教徒からは密教のヴァジラ・デーヴィー女神が少女の姿を借りて現れたと信仰され、初潮を迎えると次のクマリと交代するほか、パタンやバクタプルにもそれぞれのクマリが存在する。

クマリが選ばれるには

　クマリは仏教徒のネワール族(カトマンズ盆地に古くから暮らす民族)のなかで、サキヤ・カーストに属する家系から選ばれる。クマリに選ばれるためには、雀のような低い声、獅子のような胸、白い歯、菩提樹のようなかたちをした身体、傷や病気のあとがないことなど32の条件を満たす必

要があり、ヒンドゥー教の司祭、仏教の高僧5人が少女を選別する。最後に、旧王宮内の暗い部屋に連れて行かれ、生贄に捧げられた血だらけの水牛の頭部を見ても泣いたり、叫び声をあげなかった者がクマリに選ばれる。

インドラ・ジャトラ、クマリが街を駆け巡る

　クマリが山車に乗って3日間カトマンズを巡行するインドラ・ジャトラ。秋の収穫祭ダサインとならぶネパール最大の祭で、ダルバール広場に立てられた神木に宿る雷神インドラを祝う(仏教では帝釈天。雨をつかさどり、豊穣をもたらす。ジャトラは「楽しみ」の意)。祭りの前夜、クマリがタレジュ寺院におもむいて、タレジュ女神を体内に宿す儀式が行なわれ、そこで普段はしまわれているバイラワの仮面が開帳される。この祭の期間中、人々は仮面をつけて踊ることから、「インドラ神の仮面祭り」とも呼ばれる。また中世、繁栄をきわめたマッラ朝がインドラ・ジャトラの夜、盆地外からゴルカ王に攻めこまれ、王朝が代わったという歴史がある。インドラ・ジャトラはそのまま慣行され、ゴルカ王はクマリの祝福を受けて新たなカトマンズの主となり、その後、ゴルカ王朝は2008年まで続いた。

クマリが見られる祭り

　セト・マチェンドラナート神の儀礼(12月下旬から1月上旬)
　ナラヤン神の儀礼(1月なかばの満月の日)
　ゴーダ・ジャトラ(3月末から4月初旬の新月の日)
　セト・マチェンドラナート祭り(4月)
　カトマンズの神像、経典の開帳日(8月下旬の満月の2日目)
　インドラ・ジャトラ(9月満月から12日目の初日、3日目、8日目)

ダサイン（10月初旬満月から5日目の初日、また8日目）

祭りのとき、仮面をかぶって踊る

参考文献

『ネパール・カトマンズの都市ガイド』(宮脇檀・中山繁信/建築知識)
『NHKアジア古都物語カトマンズ』(NHK出版)
『ネパール仏教』(田中公明・吉崎一美/春秋社)
『女神たちのインド』(立川武蔵/せりか書房)
『ネパール建築逍遥』(藤岡通夫/彰国社)
『ヒマラヤの「正倉院」カトマンズ盆地』(石井溥/山川出版社)
『川喜田二郎著作集10巻ヒマラヤの文化生態学』(川喜田二郎/中央公論社)
『ネパール全史』(佐伯和彦/明石書店)
『世界大百科事典』(平凡社)
OpenStreetMap
(C)OpenStreetMap contributors

まちごとパブリッシングの旅行ガイド
Machigoto INDIA , Machigoto ASIA , Machigoto CHINA

北インド-まちごとインド

- 001 はじめての北インド
- 002 はじめてのデリー
- 003 オールド・デリー
- 004 ニュー・デリー
- 005 南デリー
- 012 アーグラ
- 013 ファテープル・シークリー
- 014 バラナシ
- 015 サールナート
- 022 カージュラホ
- 032 アムリトサル

- 016 アジャンタ
- 021 はじめてのグジャラート
- 022 アーメダバード
- 023 ヴァドダラー（チャンパネール）
- 024 ブジ（カッチ地方）

東インド-まちごとインド

- 002 コルカタ
- 012 ブッダガヤ

西インド-まちごとインド

- 001 はじめてのラジャスタン
- 002 ジャイプル
- 003 ジョードプル
- 004 ジャイサルメール
- 005 ウダイプル
- 006 アジメール（プシュカル）
- 007 ビカネール
- 008 シェカワティ
- 011 はじめてのマハラシュトラ
- 012 ムンバイ
- 013 プネー
- 014 アウランガバード
- 015 エローラ

南インド-まちごとインド

- 001 はじめてのタミルナードゥ
- 002 チェンナイ
- 003 カーンチプラム
- 004 マハーバリプラム
- 005 タンジャヴール
- 006 クンバコナムとカーヴェリー・デルタ
- 007 ティルチラパッリ
- 008 マドゥライ
- 009 ラーメシュワラム
- 010 カニャークマリ
- 021 はじめてのケーララ
- 022 ティルヴァナンタプラム
- 023 バックウォーター（コッラム～アラップーザ）

024 コーチ（コーチン）
025 トリシュール

006 ムルタン

ネパール-まちごとアジア

001 はじめてのカトマンズ
002 カトマンズ
003 スワヤンブナート
004 パタン
005 バクタプル
006 ポカラ
007 ルンビニ
008 チトワン国立公園

イラン-まちごとアジア

001 はじめてのイラン
002 テヘラン
003 イスファハン
004 シーラーズ
005 ペルセポリス
006 パサルガダエ（ナグシェ・ロスタム）
007 ヤズド
008 チョガ・ザンビル（アフヴァーズ）
009 タブリーズ
010 アルダビール

バングラデシュ-まちごとアジア

001 はじめてのバングラデシュ
002 ダッカ
003 バゲルハット（クルナ）
004 シュンドルボン
005 ブティア
006 モハスタン（ボグラ）
007 パハルプール

北京-まちごとチャイナ

001 はじめての北京
002 故宮（天安門広場）
003 胡同と旧皇城
004 天壇と旧崇文区
005 瑠璃廠と旧宣武区
006 王府井と市街東部
007 北京動物園と市街西部
008 頤和園と西山
009 盧溝橋と周口店
010 万里の長城と明十三陵

パキスタン-まちごとアジア

002 フンザ
003 ギルギット（KKH）
004 ラホール
005 ハラッパ

天津-まちごとチャイナ

001 はじめての天津
002 天津市街
003 浜海新区と市街南部
004 薊県と清東陵

上海-まちごとチャイナ

001 はじめての上海
002 浦東新区
003 外灘と南京東路
004 淮海路と市街西部
005 虹口と市街北部
006 上海郊外（龍華・七宝・松江・嘉定）
007 水郷地帯（朱家角・周荘・同里・用直）

河北省-まちごとチャイナ

001 はじめての河北省
002 石家荘
003 秦皇島
004 承徳
005 張家口
006 保定
007 邯鄲

江蘇省-まちごとチャイナ

001 はじめての江蘇省
002 はじめての蘇州
003 蘇州旧城
004 蘇州郊外と開発区
005 無錫
006 揚州
007 鎮江
008 はじめての南京
009 南京旧城
010 南京紫金山と下関
011 雨花台と南京郊外・開発区
012 徐州

浙江省-まちごとチャイナ

001 はじめての浙江省
002 はじめての杭州
003 西湖と山林杭州
004 杭州旧城と開発区
005 紹興
006 はじめての寧波
007 寧波旧城
008 寧波郊外と開発区
009 普陀山
010 天台山
011 温州

福建省-まちごとチャイナ

001 はじめての福建省
002 はじめての福州
003 福州旧城
004 福州郊外と開発区
005 武夷山

006 泉州
007 厦門
008 客家土楼

広東省-まちごとチャイナ

001 はじめての広東省
002 はじめての広州
003 広州古城
004 天河と広州郊外
005 深圳(深セン)
006 東莞
007 開平(江門)
008 韶関
009 はじめての潮汕
010 潮州
011 汕頭

遼寧省-まちごとチャイナ

001 はじめての遼寧省
002 はじめての大連
003 大連市街
004 旅順
005 金州新区
006 はじめての瀋陽
007 瀋陽故宮と旧市街
008 瀋陽駅と市街地
009 北陵と瀋陽郊外
010 撫順

重慶-まちごとチャイナ

001 はじめての重慶
002 重慶市街
003 三峡下り(重慶〜宜昌)
004 大足
005 重慶郊外と開発区

四川省-まちごとチャイナ

001 はじめての四川省
002 はじめての成都
003 成都旧城
004 成都周縁部
005 青城山と都江堰
006 楽山
007 峨眉山
008 九寨溝

香港-まちごとチャイナ

001 はじめての香港
002 中環と香港島北岸
003 上環と香港島南岸
004 尖沙咀と九龍市街
005 九龍城と九龍郊外
006 新界
007 ランタオ島と島嶼部

マカオ-まちごとチャイナ

001　はじめてのマカオ
002　セナド広場とマカオ中心部
003　媽閣廟とマカオ半島南部
004　東望洋山とマカオ半島北部
005　新口岸とタイパ・コロアン

008　バスに揺られて「自力で邯鄲」
009　バスに揺られて「自力で保定」
010　バスに揺られて「自力で清東陵」
011　バスに揺られて「自力で潮州」
012　バスに揺られて「自力で汕頭」
013　バスに揺られて「自力で温州」
014　バスに揺られて「自力で福州」
015　メトロに揺られて「自力で深圳」

Juo-Mujin（電子書籍のみ）

Juo-Mujin香港縦横無尽
Juo-Mujin北京縦横無尽
Juo-Mujin上海縦横無尽
Juo-Mujin台北縦横無尽
見せよう! 上海で中国語
見せよう! 蘇州で中国語
見せよう! 杭州で中国語
見せよう! デリーでヒンディー語
見せよう! タージマハルでヒンディー語
見せよう! 砂漠のラジャスタンでヒンディー語

自力旅游中国Tabisuru CHINA

001　バスに揺られて「自力で長城」
002　バスに揺られて「自力で石家荘」
003　バスに揺られて「自力で承徳」
004　船に揺られて「自力で普陀山」
005　バスに揺られて「自力で天台山」
006　バスに揺られて「自力で秦皇島」
007　バスに揺られて「自力で張家口」

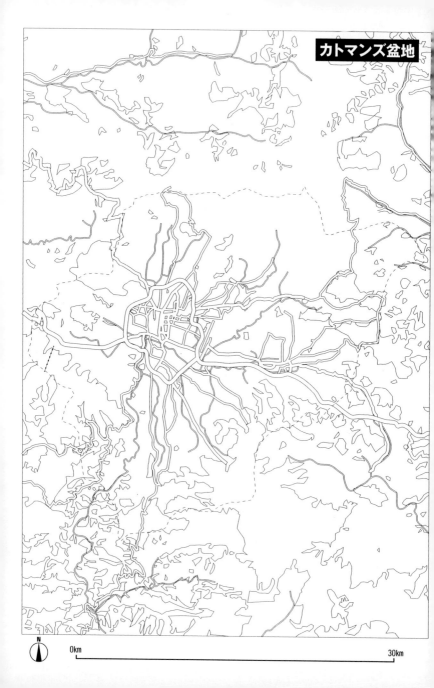

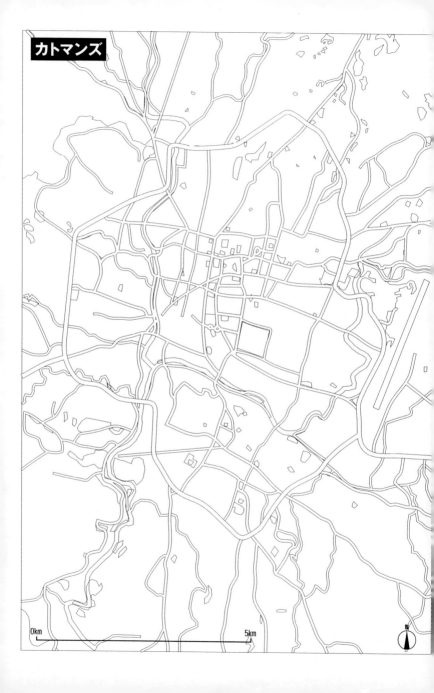

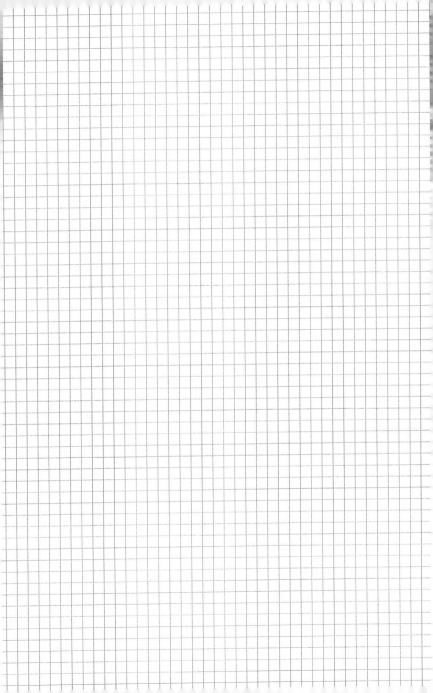

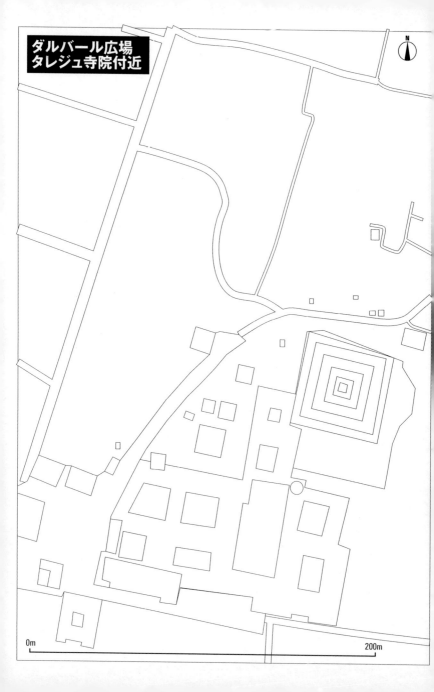

【車輪はつばさ】
南インドのアイラヴァテシュワラ寺院には
建築本体に車輪がついていて
寺院に乗った神さまが
人びとの想いを運ぶと言います

An amazing stone wheel of the Airavatesvara Temple
in the town of Darasuram, near Kumbakonam in the South India

まちごとアジア
ネパール 002

カトマンズ
ヒマラヤに「やすらぎ求めて」
［モノクロノートブック版］

「アジア城市（まち）案内」制作委員会
まちごとパブリッシング
http://machigotopub.com

- 本書はオンデマンド印刷で作成されています。
- 本書の内容に関するご意見、お問い合わせは、発行元の
  まちごとパブリッシング info@machigotopub.com までお願いします。

まちごとアジア
新版 ネパール002カトマンズ
　〜ヒマラヤに「やすらぎ求めて」

2019年 11月12日　発行

著　者	「アジア城市（まち）案内」制作委員会
発行者	赤松　耕次
発行所	まちごとパブリッシング株式会社
	〒181-0013　東京都三鷹市下連雀4-4-36
	URL http://www.machigotopub.com/
発売元	株式会社デジタルパブリッシングサービス
	〒162-0812　東京都新宿区西五軒町11-13
	清水ビル3F
印刷・製本	株式会社デジタルパブリッシングサービス
	URL http://www.d-pub.co.jp/

MP227

ISBN978-4-86143-375-7 C0326　　　　Printed in Japan
本書の無断複製複写（コピー）は、著作権法上での例外を除き、禁じられています。